150 MANEIRAS DE PAPARICAR SUA ESPOSA

LILIA DIAS MARIANNO

PRINCÍPIOS PARA CONSTRUIR UM RELACIONAMENTO

Marianno, Lilia Dias
150 maneiras de paparicar sua esposa /
Lilia Dias Marianno. – Belo Horizonte: Editora Atos – 2010.

ISBN 978-85-7607-122-8

1. Bíblia – Comentários 2. Cônjuges – Ensino bíblico
3. Homem-mulher – Relacionamento
I. Marianno, Lilia. II. Título.

03-2008 CDD–223.707

Revisão
Revisart – Assitência Editorial

Ilustração
Holy Design

Capa e Projeto Gráfico
Leandro Schuques

Primeira edição – Dezembro de 2010
Reimpressão – Março de 2011
2ª Reimpressão – Julho de 2013
Segunda edição – Novembro de 2015

Atos

www.editoraatos.com.br

Apresentação

Uma obra como esta, por mais simples que seja de ler, não é simples de escrever. Relacionamentos não são fáceis, relacionamentos dão trabalho. No caso da família brasileira, encontramos peculiaridades relacionais que, provavelmente, não encontraríamos em outras culturas. Este livreto foi feito ouvindo pessoas. Não quis trazer pra cá as ideias da minha cabeça nem contar apenas com minha experiência de pesquisadora de Gênero. Queria saber o que as pessoas gostam de ouvir, quais os tipos de gestos maridos e mulheres gostam que seus companheiros lhes façam. Quais atitudes e palavras lhes causam mais alegria ou mais tristeza. Foi a partir do depoimento de 100 pessoas que me inspirei para deixar com você estas breves reflexões. Desejo que saboreie cada palavra, como quem saboreia uma rara iguaria.

Agradecimentos

Quero deixar registrada a minha gratidão às pessoas que me ajudaram e aos grupos que elas representam. Ao mesmo tempo, desejo respeitar a privacidade delas. Então, aqui vai meu muito obrigado a vocês, amigos e amigas, professores, psicólogos, administradores, enfermeiros, analistas de sistemas, jornalistas, atletas, teólogos, turismólogos, engenheiros, advogados, secretários, recepcionistas, contadores, cabeleireiros, estudantes, securitários e tantos outros que me ajudaram, donas e donos de casa, pais e mães de famílias, namorados e namoradas. Aprendizes eternos da vida, aprendizes do Deus da vida.

Dedico este livreto a vocês, homens, incansáveis na busca de harmonia com suas mulheres. Amantes eternos, que valorizam o ser precioso que Deus colocou ao lado de vocês e que têm muita vontade de acertar. Que desejam ter mais paciência para ouvi-las, que anseiam por proteger suas mulheres, por serem verdadeiros cúmplices e companheiros. Que se dedicam à tarefa impossível de compreender o ser mais complexo do mundo: a mulher! Vocês são raros. A vocês, meu respeito e meus cumprimentos.

1

Você não se lembrou de consultá-la?

E se há queixas a respeito de outros assuntos, elas podem ser apresentadas nas reuniões...

Atos 19,39

Política é a arte de bem governar; habilidade no trato das relações humanas; civilidade; cortesia. Há várias definições, mas todas são aplicáveis nos relacionamentos entre homem e mulher. Não há espaço mais necessário onde se fazer política do que o espaço da casa. Uma das primeiras coisas que um homem precisa aprender é ser político, não no sentido corrupto, mas no sentido articulador, negociador. Nunca seja um ditador, paparique sua mulher consultando-a antes de decidir as coisas.

2

Querida, você está linda!

Eu também darei a minha resposta e declararei a minha opinião.

Jó 32,17

Quando uma mulher pede a opinião do homem sobre que roupa, sapato, ou maquiagem deve usar, ela de fato não está precisando de uma consultoria de estilo. Ela quer saber se fará o homem se sentir bem ao lado dela, se está atraente para ele, se não está vulgar para o resto das pessoas. Os homens, em geral, congelam. Não sabem o que dizer. Ficam com medo de emitir uma opinião sincera e ela simplesmente sair chorando. Assim, se pra você não faz a menor diferença o que ela está usando, diga simplesmente: querida, você está linda!".

Fique esperto!

3

Por caridade: dê notícias!

Boas notícias chegadas de um país distante são gostosas como um copo de água bem fria para quem está morrendo de sede.

Provérbios 25.25

Segundo os pesquisadores o cérebro da mulher possui um fluxo de comunicação infinitamente maior que o do homem; seu sistema sensorial também é bem mais desenvolvido. Por isso, elas sentem e falam muito mais. Muitos homens se irritam porque suas mulheres querem notícias toda hora e reclamam porque não ligaram pra casa. É porque ela precisa calar o excesso de informações e também suas desconfianças. Então, se esforce: dê uma ligadinha pra casa, dizendo que está tudo bem, aproveite para ganhar mais uns pontinhos e se interesse por saber como ela está! Como ela ficará feliz!

4

Você está me ouvindo?

Lembrou-se Deus de Raquel e a ouviu...
Gênesis 30,22

A impossibilidade de se comunicar é algo que assusta qualquer ser humano. Isso porque fomos criados na categoria dos seres animais com faculdades racionais e, embora nossas faculdades comunicativas sejam mais amplas que a dos outros animais, não somos a espécie que melhor se entende. Sua mulher tem grande necessidade de ser ouvida, mas você dificilmente terá a mesma disposição para ouvi-la. Que tal paparicá-la sendo mais atento do que de costume. É provável que poucos daqueles detalhes lhe interessem profundamente, mas ela se sentirá muito valorizada quando você prestar atenção nas suas histórias.

5

Maravilha! Ela decidiu me atender!

Por isso devemos descobrir o que é bom e escolher aquilo que é justo.

Jó 34,4

Os casais se unem esperando a realização de alguns ideais. A realização de sonhos é sempre muito compensadora, mas não se deve incluir o livre-arbítrio da outra pessoa na lista dos nossos sonhos. Somos pessoas diferentes, de gêneros distintos, com sensos de prioridades bastante diversos. Você acrescentará frustrações desnecessárias à sua vida criando expectativas elevadas demais sobre a vontade de sua mulher. Então, se hoje ela optou por escolher aquilo que você determinou, paparique-a demonstrando que ficou feliz por ela decidir acompanhá-lo naquela decisão.

6

Diga-lhe o valor que ela tem

O famoso ouro de Ofir não chega para comprá-la, ela é mais preciosa que pedras de ônix e safira.

Jó 28,16

Há momentos na vida de uma mulher que ela se sente totalmente depreciada. Isso acontece por muitos motivos e pode, inclusive, ser fruto de mudança hormonal provocada pelo ciclo mensal. Se sua mulher está muito sensível e se sentindo diminuída por qualquer motivo, valorize-a. Ela precisa se sentir valorizada, então, paparique sua mulher! Escolha um gesto que você sabe que vai fazer bem à autoestima dela e faça-o!

7

Escondida sob as suas asas

Toma conta de mim com o mesmo cuidado com o qual se protege a menina dos olhos. Protege-me com a sombra de tuas asas.

Salmo 17,7

Sua mulher trabalha fora? Ela também chega em casa sentindo necessidade de relaxar, isso não é exclusividade sua! Diante das batalhas diárias para ajudar no sustento da família e, ainda mais com a jornada dupla, de ter que cuidar dos filhos, da casa, das compras, é natural que ela esteja, à noite, um bocado irritada e cansada. O acúmulo de tarefas a deixa tensa. Que tal paparicá-la nesse momento com um dengo especial e uma massagem gostosa? Faça do regresso da sua águia um adorável retorno ao ninho, àquele espaço gostoso sob as asas do seu amado.

8

Dedique uma música

A cada dia o Senhor me dá o seu amor cuidadoso e constante. Durante as noites eu canto em seu louvor e oro ao meu Deus que me dá vida.

Salmos 42.8

Há situações do dia a dia que nos deixam tristes e sem motivação. Parece-nos, muitas vezes, que os poetas já passaram por todas as situações estranhas da vida e as registraram na sua arte. Você já tentou paparicá-la enviando uma música ou um poema para ela? Pense naquela música que ela gosta, que tem uma mensagem de encorajamento, ou naquele poema que transmite esperança. Mande para sua mulher pelo torpedo, ou ligue para ela e cante a música. Palavras de ternura são bem-vindas a qualquer momento do dia!

9

Querida, estou cheiroso!

O meu amado é como um saquinho de pó perfumado colocado entre os meus seios.
Cântico dos Cânticos 1.7

É natural os homens serem descuidados com a própria aparência. Em geral, não ligam para o peso, para o tipo de roupa que estão usando ou para apresentar-se bem ao lado de sua mulher. Assim como os homens se sentem atraídos, principalmente pelo visual e pela aparência, a mulher também se sente muito bem ao lado de um homem asseado e que se cuida. Assim, um jeito interessante de paparicar sua companheira é se cuidando na sua apresentação pessoal. Dizer a ela que caprichou na aparência e está todo perfumado só para acompanhá-la. Ela vai ostentar você como se fosse um troféu.

10

Transforme tensão em riso

Ríamos e cantávamos sem parar, de tanta Alegria.

Salmo 126,2

Uma vez perguntei a um casal amigo qual era o segredo de estarem unidos a tanto tempo. O bom humor é a resposta para quase tudo, disseram: se a situação é de dificuldade, às vezes causada pela sua mulher, não piore a tensão aumentando as críticas. Às vezes, os homens falam palavras duras, esquecendo a sensibilidade das mulheres. Encontre uma coisa divertida na situação. Faça uma brincadeira. Transforme aquele momento de tensão e constrangimento num momento de agradável risada, na qual ela também se divertirá. O riso é o princípio da cura.

11

Namore com o olhar

Como você é linda, meu amor! Os seus olhos são suaves e meigos! Você é tão bela, tão encantadora!

Cântico dos Cânticos 1.15 e 16

Você já teve a oportunidade de ver que alguém que você muito ama sorriu para você e aquilo fez toda a diferença pelo dia inteiro? Que tal paparicar sua mulher sorrindo para ela de forma prazerosa. Demonstre com seu semblante que ela lhe é atraente. Contemple-a com gosto. Dedique-lhe o sorriso mais encantador que você conseguir expressar; aquele sorriso que ela adora ver em você. Se ela perguntar por que está sorrindo, diga-lhe apenas que está muito feliz porque ela te faz muito bem!

12

Conte o segredo!

Uma grande verdade foi revelada a mim, um grande segredo que eu mal consegui ouvir quando me foi contado.

Jó 4,12

Segredos são a chave do sucesso, mas também a fonte de muitos problemas. Um casal que é cúmplice de sonhos, projetos, aspirações tem sempre muito a compartilhar. Mas, quando o marido guarda segredos de sua mulher, está cultivando um problema. Mulheres, por natureza, não lidam bem com incógnitas e enigmas. Chame-a para confidenciar seus segredos. Mostre que ela é a única pessoa em quem você confia para contar seus sonhos mais secretos, e que com ela você não se sente constrangido de abrir o coração.

13

Escolha muito bem as palavras

Palavras amigas são doces como o mel, dão ânimo e criam forças novas.

Provérbios 16.24

Palavras, quando são ditas, nunca mais voltam do jeito que saíram de nossas bocas. Alguns estudos dizem que, para cada palavra negativa que proferimos sobre alguém, precisamos de pelo menos o triplo de palavras gentis e de apreciação para derrubar o efeito daquelas negativas. Seja cuidadoso com as palavras. Escolha aquelas mais bonitas, as que causam um sorriso ao invés de lágrimas.

14

Sussurros ao pé do ouvido

O ouvido prova as palavras como o paladar prova a comida.

Jó 34,3

Muitos casamentos perdem a graça porque os cônjuges desaprenderam a arte da sedução. Homens são mais seduzidos pelo visual, mulheres são mais seduzidas pelo que ouvem. Os homens gostam de ter relações sexuais com frequência e esperam que suas companheiras lhes correspondam, mas se esquecem que a mulher precisa ser seduzida para ter seu desejo aflorado. Que tal elogiá-la com ternura? Faça elogios íntimos no ouvido dela, aproxime-se.

Transforme o momento com espontânea sedução.

15

Colo aconchegante

Os abraços e carinhos da sua esposa devem ser o seu prazer e a sua satisfação total.

Provérbios 5,19

Todo relacionamento a dois é provedor de segurança para ambas as partes. Não é só a mulher que procura por segurança no ombro do parceiro, mas o homem também procura segurança no "colo" de sua mulher. No colo de seu marido, uma mulher pode se dar ao direito de mostrar-se frágil, desarmada, vulnerável. Dê o colo para ela hoje, como um lugar seguro e aconchegante.

16

Sem mentiras, por favor!

O homem justo detesta a mentira.

Provérbios 13,5

A mulher tem, inegavelmente, uma intuição muito mais forte que a do homem. Algumas mulheres supervalorizam a intuição que têm. Uma queixa muito comum nos maridos é que suas mulheres não confiam naquilo que eles dizem, não acreditam que eles não estão mentindo. Nenhum cônjuge que deseja caminhar unido com sua mulher sustenta uma mentira. Se você está escondendo algo e ela percebeu, seja honesto. Mostre a ela que não deseja guardar segredos, não alimente as suspeitas dela. A confiança é a base de um relacionamento feliz.

17

Quer ter prazer comigo?

Escutei a voz do meu amado; ele estava batendo à porta do meu quarto: Minha querida, abra a porta para mim!

Cântico dos Cânticos 5,2

A noite está bonita, ela está animada, sedutora, tomou até a iniciativa da intimidade entre vocês dois e você se esquiva dizendo que está cansado ou que tem que acordar cedo? Pode parecer estranho, mas muitos homens se recusam a ter relações com suas mulheres. Não desperdice o momento se ela está lhe envolvendo! Usufrua dainiciativa que ela teve de demonstrar que lhe deseja e lhe quer.

18

Renove a energia

Ela é tua companheira, a mulher da tua Aliança.
Malaquias 2,14

Ela perdeu o emprego e isso vai afetar o equilíbrio das finanças na casa. Sua mulher é preocupada com a família e fará sacrifícios para não agravar a situação. Vai deixar de ir ao salão fazer cabelo e unhas todas as semanas, e se sentirá, por isso, menos atraente. Mas ela está fazendo sacrifícios. Que tal fazer alguma extravagância para o seu bem-estar? Chame uma massagista e uma esteticista para cuidar do corpo e da pele dela. Mostre-lhe que sua beleza não pode ficar esquecida e que, a despeito de tudo, você continua ao lado dela para o que der e vier.

19

Não cancele os planos de vocês

Amor e fidelidade haverá para os que planejam o bem.

Provérbios 14,22

Ninguém gosta de se sentir excluído e ignorado. Alguns homens fazem planejamentos tão independentes que se esquecem que suas mulheres gostariam de terem sido consultadas, incluídas e até mesmo de participar da elaboração daquele plano. O pior que você pode fazer é trocar o plano de vocês por um outro, com terceiros. Se ela deseja estar com você naquele momento, não faça outros planos. Deixe seus amigos para depois! Ela é parte importante da sua vida e gosta de sentir que ocupa este espaço no seu coração.

20

Eu te amo, te amo, te amo

Como você é linda, como você é agradável meu amor! Que prazer você me dá!

Cântico dos Cânticos 7,6

As mulheres são tão carentes de ouvirem "eu te amo" quanto os homens são carentes de ter relações sexuais com elas. Mas não é da natureza do homem ficar repetindo informações já dadas antes, somente porque a mulher quer ouvir aquilo novamente. Mas não custa nada reforçar esta mensagem, não é mesmo? Lembre-se do quanto ela ficará feliz ao ouvir isso de você mais uma vez, parecendo até que é a primeira.

Não vale a pena proporcionar esta alegria a ela?

21

Ela trouxe um presente para mim!

Te adornei com enfeites, pus braceletes nas mãos e colares à roda do teu pescoço.

Ezequiel 16,11

Ela trouxe algum presente para você hoje? Não ignore este acontecimento! Uma mulher que gosta de presentear não precisa de uma data especial para agradar seu marido porque ela sempre deseja agradá-lo. Não seja indiferente àquele gesto. Note o que ela fez. O reconhecimento e a gratidão são componentes muito importantes para uma vida feliz a dois. Uma mulher normalmente espera ser reconhecida pelo seu marido como alguém relevante na vida dele. Reconheça isso.

22

Ih... tarde demais!

A resposta branda desvia o furor, mas a palavra dura suscita a ira.

Provérbios 15,1

O dia foi estressante, não deixaram você em paz, tomou uma chuva ao voltar para casa, ficou encharcado, o elevador do seu prédio estava quebrado e você mora no décimo andar... chegar em casa vivo hoje foi uma verdadeira saga. Sua mulher começa a tagarelar, falar demais, interrompendo seu momento na frente da TV e você, desgastado, simplesmente explode, com uma grosseria daquelas! Tarde demais! Estrago feito. Ela já está chorando. Aquelas palavrinhas mágicas ainda funcionam: "meu bem, me desculpe, me perdoe!". Reconhecer o erro e pedir perdão é sempre um caminho muito válido.

23

Recobre o ânimo!

Cada vez que eles, zombando, perguntam: onde anda esse seu Deus? É como se um de meus ossos fosse quebrado.

Salmo 42,10

Você está cansado, seu dia foi difícil, tudo que quer é chegar em casa, comer algo, tomar aquele banho e cair morto na cama. Então, ela te faz a seguinte proposta: "querido, vamos ao teatro"? Todas as juntas do seu corpo doem, sua cabeça está explodindo de dor, mas ela quer sua companhia, e o dia dela também não foi fácil! Paparique sua mulher! Vá com ela ao teatro! Tome um analgésico para a dor de cabeça e um energético para aguentar o pique e não perca esta oportunidade.

24

Não gostei da cor da camisa

Te vesti de roupas bordadas e te calcei com couro da melhor qualidade.

Ezequiel 16,10

Ela chegou de viagem e trouxe uma camisa elegante para você, com uma cor diferente. Você olhou, provou, mediu aqui, ali, não gostou muito da cor, afinal você só gosta de roupa azul e a camisa laranja não é a sua cara. Mas ela não comprou para implicar com você. Ela te viu dentro da camisa e gostou do efeito. É hora de confiar no instinto dela. Use a camisa que ela te deu, depois você acostuma com a cor. Só não deixe de mostrar carinho pela forma como ela se lembrou de você.

25

Acompanhe o ritmo dela, ou tente!

Ouça o sábio e cresça em prudência, e o instruído adquira habilidade para entender os enigmas dos sábios.

Provérbios 1,5-6

Toda mulher gosta de estar ao lado de um homem culto e inteligente. Nem sempre o nosso "berço" nos deu estas oportunidades, então temos que cultivá-las por nós mesmos. Quanto tempo faz que você parou de estudar? Você já se interessou em pesquisar coisas sobre a área profissional dela, para que quando vocês estiverem conversando ela sinta que pode incluir você em alguns assuntos profissionais? Se sua mulher tem uma formação maior que a sua, é de muita importância acompanhar o ritmo dela.

Que tal paparicá-la desta forma?

26

Coloque a casa em ordem

A sabedoria construiu sua grande casa sobre sete colunas; arrumou a mesa e preparou uma grande festa, com bastante carne e vários tipos de vinho.
Provérbios 9,1

Você se considera muito exigente? Perfeccionista? Gosta de tudo muito arrumadinho? Tem discussões sérias com sua mulher porque ela é desorganizada e não cuida das coisas com o mesmo capricho que você? Isso é muito desagradável mesmo. Mas nem todas as pessoas nasceram com o mesmo senso de organização. Algumas até têm a tendência de ser organizadas, mas em suas famílias isso não foi ensinado. Que tal paparicá-la sendo mais tolerante com a desordem dela e ajudando-a a se organizar?

27

Volte para a escola!

Retém a instrução e não a largues; guarda-a porque ela é a tua vida.

Provérbios 4,13

Já pensou em voltar para a escola? Sim! Para fazer seu curso superior ou sua pós-graduação ou mesmo para completar o ensino fundamental ou médio? Muitas mulheres se entristecem por terem o foco na educação, mas percebem que seus maridos se acomodaram, não sentem mais desejo de estudar, de se informar e preferem ficar parados no tempo. Se sua mulher tem insistido com você para voltar a estudar, que tal chegar hoje em casa com uma notícia nova para ela: "Querida, me matriculei no curso que você sugeriu"?

28

Muitas palavras

As palavras dos sábios, ouvidas em silêncio, valem mais do que os gritos de quem governa entre tolos.

Eclesiastes 9,16

Assunto encerrado! Eis uma coisa que as mulheres têm dificuldade de fazer: encerrar um assunto, principalmente nas discussões com o marido. A mulher retoma discussões passadas que pareciam encerradas e vivem "desenterrando os mortos". Muitos maridos ficam amargurados com isso e perdem a paciência, partindo para as palavras duras, como se elas funcionassem. Compreenda! Ela é mulher. E falar muito é sua maior especialidade. Deixe ela extravasar as palavras. Termine o assunto com um abraço gostoso e um beijo. Já tentou?

29

Aquela viagem às montanhas!

Porque todos os animais nas florestas e todo o gado que pasta sobre as montanhas são meus.
Salmos 50.10

Ela quer sair! Você já explicou seus motivos, mas ela continua insistindo em sair, viajar, de mochila nas costas, caminhada ecológica... cansa só de pensar. Neste fim de semana tem campeonato, tem os amigos, sua cama está tão quentinha... mas, ela quer viajar, nada a convence do contrário. Homem: paparique sua mulher! Ela está fazendo questão da sua companhia. Atualmente muitas mulheres preferem passar mais tempo longe de seus maridos do que perto deles. Então, mochila nas costas e muita disposição. Curta o momento!

30

Meus pés são tão diferentes!

O marido deve amar a sua mulher como ao próprio corpo. Quem ama a esposa a si mesmo se ama.

Efésios 5,28

Você pensa verde e amarelo, ela pensa vermelho e azul. Vocês são tão diferentes! Há quem diga: "como conseguem dar certo?" Nunca seremos iguais, sempre seremos diferentes. Ela sempre pensará diferente de você e você pensará diferente dela.Paparique sua mulher fazendo um esforço especial para compreender seu jeito de ser, suas prioridades. Não precisa concordar com ela o tempo todo, mas valorize essas diferenças. O que a faz ser uma só carne com você é justamente estas diferenças. São elas que a transformam neste ser tão especial a quem você ama.

31

Aquilo que te sobra é o que me falta

Mas és tu, ser humano, meu igual, meu companheiro e meu íntimo amigo, juntos andávamos, juntos nos entretínhamos.

Salmo 55,13 e 14

Ditos populares afirmam que somos como imãs, opostos que se atraem. Você já percebeu como é bom para a união de vocês o fato de ela ter características de temperamento e de personalidade tão diferentes das suas? Alguma vez você já elogiou isso nela? Que tal começar agora? Elogie a diferença que ela tem, principalmente aquela parte da personalidade dela que é tão diferente da sua e que, ainda bem que é diferente, pois se ela fosse igual a você naquele aspecto, a vida de vocês seria uma tragédia.

32

Prepare o terreno

Porventura, não é isso conhecer-me?
Jeremias 22,16

Você conhece bem sua companheira ou pensa que conhece? Muitas vezes os homens ocultam coisas de suas esposas porque estão certos de que elas teriam uma reação drástica. Mas, e se ela não tiver a tal reação drástica? Mulheres não são tão imprevisíveis? Traga-lhe algo especial e diga: "querida, trouxe este presente para você só porque tinha certeza de que você iria gostar". Veja como está o ânimo dela. A seguir escolha as palavras certas e diga o que precisa ser dito. Prepare o terreno que você conhece. Ela vai se sentir bem porque você está sendo confidente.

33

Flores para fazê-la sorrir

Por que tendes, hoje, o semblante triste?
Gênesis 40.7

Quando a tristeza se instala não há muitos recursos técnicos que a façam pensar diferente. Mas, quando a pessoa querida está por perto e ela insiste em nos mostrar o valor que temos, o cenário muda de cor. Leve flores para ela, hoje. Lembre-se de dizer que resolveu lhe fazer aquela homenagem pelo tanto especial que ela é para você. A ternura que demonstramos recupera o senso de importância da pessoa amada e sempre alegrará seu coração.

34

Termine o expediente mais cedo

Sua carne se robustecerá com o vigor da sua infância, e tornará aos dias da sua juventude.

Jó 33,25

As tarefas de casa são tão desgastantes quanto as tarefas no emprego. Principalmente se há filhos para serem cuidados em casa. Muitas vezes o homem não entende porque chegou em casa e encontrou sua mulher mais cansada do que ele, afinal ela ficou ali o dia inteiro! Quando isso acontecer, encerre a jornada de trabalho dela mais cedo. Saia com ela para jantar, ou quem sabe, comer aquele x-tudo bem gostoso da barraquinha da esquina, se o dinheiro estiver escasso. Economizar esforço físico no final do dia e gastar um tempo juntos conversando é sempre muito positivo!

35

Você me atrai!

Quão formosa e quão aprazível és, ó amor em delícias!

Cântico dos Cânticos 7,6

Muitas pessoas não se sentem atraentes porque nunca receberam elogios de alguém. Quando o homem não tem o hábito de mostrar para sua mulher que ela lhe atrai isso gera muitas inseguranças. Se sua mulher colocou um novo vestido, ou mesmo aquela roupa antiga que lhe cai muito bem, ou se o perfume que ela usa ou o corte de cabelo que fez lhe agradam, diga-lhe: você está muito atraente! Mostre que você tem orgulho de ter uma mulher como ela.

36

Ofereça amparo

No temor do Senhor, tem o homem forte amparo e isso é refúgio para os seus filhos.

Provérbios 14,26

Vocês estavam realizando algo juntos e uma atitude que ela tomou comprometeu todo o projeto. Ela já disse que não foi por querer, mas você está muito irritado. Não diga que ela foi teimosa e burra (espero que você não seja esse tipo de marido!); não piore as coisas. Ela já está chorando inconsolável. Faça com que ela se sinta menos frustrada e menos culpada com aquilo tudo; ela precisa de amparo, foi para isso que você se casou com ela, lembra? Ofereça seu amparo.

37

Embeleze sua mulher

Que formosos são os teus passos dados de sandálias... Os meneios dos teus quadris são como colares trabalhados por mãos de artista.
Cântico dos Cânticos 7.1

Muitas vezes as mulheres não são muito cuidadosas com a aparência e seus maridos deixam de fitá-las porque passam a achá-las desinteressantes. Pior ainda é quando começam a lançar olhares para as mulheres fora de casa. Pode ser que sua mulher esteja tão envolvida com a casa, trabalho, bebê e os filhos e até com você, que se esqueceu de dedicar tempo para cuidar dela mesma. Embeleze sua mulher! Quando ela estiver linda, dê pra ela aquele olhar especial de marido encantado, ela merece perceber que você ainda a paquera.

38

Sem acusações!

O corpo bem ajustado e consolidado pelo auxílio de toda junta, segundo a justa cooperação de cada parte, efetua o seu próprio aumento para a edificação de si mesmo em amor.

Efésios 4.16

Sabe aquela coisa que ela fez e que você falou mil vezes que não ia dar certo? E não deu, e você está louco para soltar aquele triunfante: "eu te disse"... Humm, contenha-se. Nenhuma mulher precisa ser acusada na hora que ela já falhou.Aliás, nenhum ser humano precisa disso. Haverá muito mais lucro no relacionamento se você perdoar e aceitar que ela não tem obrigação de agir do mesmo jeito que você agiria porque ela é diferente de você.

39

Seja organizado

Põe em ordem a tua casa.

Isaías 38,1

Sua mulher é muito organizada e você é muito desorganizado? O que a entristece é o fato de você ser tão desorganizado e deixar rastros pela casa como os de um furacão que a faz trabalhar em dobro. Quando uma mulher chega em casa ela quer ter a sensação de que retornou para o ninho e não de que chegou na tormenta do inferno. Ela já vai chegar, vamos caprichar no carinho? Ajunte as coisas que você esparramou, e coloque no lugar aquilo que tirou. É rapidinho. Ela vai perceber que você se esforçou.

40

A fatídica TPM

Porque Deus não nos destinou para a ira.
1 Tessalonicenses 5,9

Ela está naqueles dias e qualquer coisa que você faz recebe um ataque furioso da parte dela. Não adianta tentar escapar. Mas sua mulher não tem culpa de sofrer de Tensão Pré-Menstrual. Nenhuma mulher gosta de perder o controle de si mesma. TPM é um momento de frustração para qualquer mulher. Já pensou nisso? Muita calma nesta hora. Já sabe que são os hormônios? Então observe. O que a deixa calma? É ali que você vai agir. Vamos lá, esta "caça ao tesouro" será interessante. Cuide dela, o bom da TPM é que ela sempre passa, não é mesmo?

41

Controlando o descontrole

Revesti-vos, pois, como eleitos de Deus, santos e amados, de ternos afetos de misericórdia, de bondade, de humildade, de mansidão, de longanimidade.

Colossenses 3,12

Ela está nervosa por algum motivo que você não sabe o que é. Parece TPM, mas sua mulher não sofre de TPM, afinal, há um número considerável de mulheres que não passam por isso. Independente do que quer que tenha causado esta avalanche de emoções e tal descontrole da parte dela, significa que ela se sente insegura por perder o controle da situação. Um abraço carinhoso do maridão e um chamego nestas horas vêm como cobertor quentinho no inverno. Mostre cuidado, use palavras brandas, tem um efeito excelente.

42

Ela tem amigos demais

O olhar de amigo alegra ao coração; as boas--novas fortalecem até os ossos.

Provérbios 15,30

Sua mulher é popular, gosta de estar no meio dos amigos. Ela fica triste porque você não a acompanha quando ela encontra com a família ou com os amigos, mas você é recatado e antissocial e se sente no direito de não partilhar com ela estes momentos. Não tenha ciúmes da sua família e de seus amigos; não tente mudar seu jeito de ser. Há uma forma infalível de você paparicá-la: dê liberdade para que ela seja quem ela sempre foi. Possivelmente, essa foi uma das características dela que mais te atraiu. Que te parece tentar esta dica?

43

Se alegre com o sucesso dela

Abel ofereceu a Deus mais excelente sacrifício do que Caim; pelo qual obteve testemunho de ser justo, tendo a aprovação de Deus quanto às suas ofertas.

Hebreus 11,4

Ela foi promovida no trabalho ou recebeu um reconhecimento público e está te olhando, esperando ver, nos teus olhos, a mesma aprovação que as outras pessoas lhe deram. Acredite, muitas mulheres trocariam a aprovação do mundo inteiro pela aprovação dos seus maridos. Não fique emburrado nessas horas, depreciado, nem sinta inveja. Ela é seu amor! Orgulhe-se da conquista que ela realizou! Aplauda tua estrela de pé. Ela não vai ver mais ninguém naquele auditório. Só o orgulhoso marido que ela tem e que a faz tão feliz.

44

Não repita o mesmo erro

Como o cão que torna ao seu vômito, assim é o insensato que reitera a sua estultícia.

Provérbios 26,11

Você fez uma coisa errada, ela te avisou que não ia dar certo, mas você teimou. Ela não jogou aquele "eu te disse" na sua cara, mas agora você acha que ela tem que ouvir suas lamúrias porque as coisas não deram certo. Ô,ô... isto é viver perigosamente. Quer paparicar sua mulher de verdade? Reconheça que errou, diga a ela: "querida, você tinha razão, me perdoe por não ter te ouvido". Se ela é uma mulher inteligente, ela vai te dar um colo e um cafuné, e você vai ser paparicado também.

Ah! E não repita o erro!

45

Seja manso

Que preferis? Irei a vós outros com vara ou com amor e espírito de mansidão?

1 Coríntios 4,21

Ok, ok, ela trancou a chave dentro do carro. Você está um ogro perfeito e feroz, manifestando-se aos urros de impaciência com algo que qualquer pessoa normal está sujeita a fazer, inclusive você, caso se distraia um pouquinho. Um jeito de valorizar sua mulher é não a agredindo. Não crie tempestade com um detalhe tão pequeno. Chame o chaveiro. Diga-lhe com carinho: querida, eu gostaria muito que você fosse mais atenta na próxima vez, ok?

46

Não quebre o combinado

Rompem-se as alianças, as cidades são desprezadas, já não se faz caso do homem.

Isaías 33,8

Ontem vocês combinaram de ir ao cinema e não falaram mais nisso. Hoje o dia foi tumultuado e você esqueceu de cancelar. Chegou em casa pronto para desmaiar. Mas ela está lá, arrumadinha, esperando você chegar. Afinal ela estava tão ansiosa por aquele momento! Não seja louco de cancelar o compromisso! Tome um banho caprichado, fique cheiroso, vista aquela roupa que ela adora e saiam. Ih... tarde demais, a seção do filme já começou! Sem problemas. Plano B entra em ação. Nesta vida tumultuada em que vivemos, os momentos de intimidade devem sempre ser priorizados e para a mulher eles têm um valor muito maior.

47

Consolação

Não temais, pois; eu vos sustentarei a vós outros e a vossos filhos. Assim, os consolou e lhes falou ao coração.

Gênesis 50,21

Você chegou em casa e a viu muito triste, inconsolável. Alguém na família dela, ou bem próximo, está muito doente. Nada há que ela possa fazer para reverter a situação. Sua mulher está fragilizada com a notícia, só chora. Ela só precisa ser amparada. Não é hora de dizer: não fique assim, não vai adiantar nada. É um luto, é uma perda, ela tem o direito de ficar daquele jeito. Paparique sua mulher neste momento: diga-lhe: estou aqui, ok? Conte comigo para o que for preciso. Seja sensível. Ofereça seu abraço e seu silêncio.

48

Corte o cordão umbilical

Por isso, deixa o homem pai e mãe e se une à sua mulher, tornando-se os dois uma só carne.

Gênesis 2,24

Sua mãe resolveu dar as caras e começou a interferir na paz entre você e sua mulher. Sogra e nora é uma combinação rara de dar certo. Uma coisa que ofende muito uma mulher é quando ela percebe que o marido dá mais importância ao que a mãe dele diz do que àquilo que a esposa diz. Bem, "quem casa quer casa" não é mesmo? Por mais que sua mamãe tenha sido uma heroína ou uma santa, está na hora de cortar o cordão umbilical e dedicar mais atenção àquela mulher com a qual você escolheu passar o resto da vida. Que tal dar menos atenção à voz da mamãe ciumenta?

49

Defenda sua mulher

Assim, fareis a guarda e defesa desta casa.
2 Reis 11,6

Uma pessoa chegou inventando coisas a respeito de sua mulher. Por mais que esta pessoa seja digna da sua confiança, como, por exemplo, sua mãe, ela está dizendo coisas que você sabe não corresponderem à verdade. Se tens consciência disso, estás com a chave do sucesso na mão. Não há atitude que deixe uma esposa tão orgulhosa do que perceber que seu marido acredita nela e que a defende de qualquer pessoa que tente manchar sua reputação, mesmo que esta pessoa seja sua mamãe imaculada. Valorize sua mulher e a defenda quando isto acontecer. Ela vai te olhar como a "princesa resgatada da torre" Vai tentar?

50

Minha memória é fraca

Mas o Consolador, o Espírito Santo, a quem o Pai enviará em meu nome, esse vos ensinará todas as coisas e vos fará lembrar de tudo o que vos tenho dito.

João 14,26

Tá certo que homem tem memória fraca, mas alguns homens têm mesmo é a memória seletiva. Quando cobrados, se irritam e colocam a culpa na memória fraca. Bem, marido, é hora de se esforçar mais, se você deseja agradar sua mulher. Esquecer datas importantes, compromissos marcados, e outras coisas é sangrar o amor de vocês. Coloque lembretes no seu celular, com alarme! Não esqueça aquilo que é importante para ela. Mostre que está se esforçando para não esquecer. Ela vai perceber que você a tratou com prioridade.

51

Falta de iniciativa, não!

Presta contas da tua administração, porque já não podes mais continuar nela.

Lucas 16.2

Vocês já combinaram que lavar a louça depois do jantar e levar o lixo para fora é tarefa sua, mas você está adiando, adiando, foi dormir e acabou esquecendo. Mulheres se irritam bastante quando os homens colocam suas responsabilidades domésticas em segundo plano ou na lista do esquecimento. Também se irritam quando os homens não tomam a iniciativa em relação às questões da família. Isso deixa uma mulher muito brava. Ei! Está na hora de tomar iniciativas, não? Captou a dica?

52

Verdade sempre!

Não tenho maior alegria do que esta, a de ouvir que meus filhos andam na verdade.

3 João 1,4

Sabe aquela mentirinha? Aquela que você contou só para não magoar? E ela está descobrindo que você não falou a verdade? Problema! Uma mulher fica muito magoada quando ela descobre sozinha, ou ainda pior, por terceiros alguma coisa sobre seu marido que não foi ele quem contou. Ela fica realmente ferida. Ainda dá tempo! Se antecipe! Seja verdadeiro. Não a deixe descobrir por ela mesma. Conte a verdade. É difícil de admitir que mentiu, mas ela terá mais confiança em você se ouvir sua confissão do que se descobrir a mentira sozinha. Seja verdadeiro!

53

Me deixa quieto!

Somente em Deus, ó minha alma, espera silenciosa, porque dele vem a minha esperança.

Salmo 62,5

Você chegou em casa muito chateado e não quer conversar. Ela percebeu, quer ajudar, mas precisa entender o que se passa. Não rejeite a aproximação dela. Se a situação está tão ruim que você não tem "estômago" para tocar no assunto, diga-lhe, "querida, eu estou tão amolado com a situação que nem consigo falar disso agora. Prometo que quando eu conseguir falar sobre isso, você será a primeira pessoa que vai ouvir o que está acontecendo". Todo ser humano necessita de companheirismo. Valorize-a quando ela estiver tão perto por meio do carinho e do cuidado que ela tem por você.

54

Lembrando do princípio

Quero trazer à memória o que me pode dar esperança.

Lamentações 3,21

Depois de muitos anos juntos, os casais costumam ter algumas atitudes: uns se acostumaram às diferenças e aprenderam a lidar com elas. Outros olharão para as divergências como um "carma ruim" e falarão para si mesmos: onde eu estava com a cabeça quando escolhi me casar com esta pessoa? Como um adulto responsável, é hora de começar a valorizar a escolha da companheira que você fez. Que tal paparicar sua mulher dizendo para ela o que foi que você viu nela que fez com que você se apaixonasse? Vamos lá! Diga para ela o que ela tem que lhe encantou desde o primeiro momento.

55

Reconstitua o romance

Portanto, eis que eu a atrairei, e a levarei para o deserto, e lhe falarei ao coração.

Oseias 2,14

Os homens costumam esquecer dos aniversários das esposas, dos filhos, de casamento, de namoro. Alguns homens conseguem esquecer seus próprios aniversários! Mas este tipo de lembrança é muito importante para uma mulher. Pergunte a ela quando foi que vocês começaram a namorar. Ponha lembretes sobre este dia e prepare a celebração. Você pode não lembrar do dia, mas lembra do que aconteceu no primeiro encontro, pois foi o que te fez querer esta mulher. Que tal reconstituir o momento do primeiro encontro e o romance que nasceu ali, com o primeiro beijo, o primeiro toque.

56

Herói, não fique tombado!

O coração alegre aformoseia o rosto, mas com a tristeza do coração o espírito se abate.

Provérbios 15,13

Você foi demitido e está preocupado, procura emprego há meses, mas sem sucesso. Sua idade não ajuda nada. Você vai ficando desanimado, perde a vontade de procurar trabalho, não tenta criar soluções alternativas, vai se fechando e entrando em depressão. Mas as mulheres têm bastante dificuldade de lidar com homens em estado de depressão porque eles perdem a vontade de lutar. Muitos casamentos se desfazem numa fase dessas. Seja um lutador daqueles que não desiste nunca! Se precisar de ajuda profissional, procure um terapeuta, mas não permita que o herói de sua mulher fique tombado no chão!

57

Não deprecie

Tudo o que é amável, tudo o que é de boa fama, se alguma virtude há e se algum louvor existe, seja isso o que ocupe o vosso pensamento.

Filipenses 4,8

Todo ser humano é dotado de virtudes e defeitos. Estas podem estar na aparência física, no temperamento, nos hábitos. Mas se estiver no caráter é um problema sério. Sua mulher tem um mau-caráter? Creio que não, senão você não estaria casado com ela, não é mesmo? Então, não transforme os defeitos em montanhas intransponíveis. Não se concentre neles. Não os utilize para acusar e magoar sua esposa. Valorize sua mulher exaltando suas qualidades, ressaltando os aspectos positivos. Não use palavras humilhantes;, antes, dê elogios.

58

O papel da fé

Porque todo o que é nascido de Deus vence o mundo; e esta é a vitória que vence o mundo: a nossa fé.

João 5,4

Você acha uma grande besteira essa coisa de igreja, orações, espiritualidade, mas você tem uma mulher que valoriza o lugar da fé. Você acha que ela perde muito tempo com estas coisas. Mas saiba que isso é um bom sinal. Estudos recentes mostram que indivíduos que valorizam e cuidam da espiritualidade também são estáveis nos relacionamentos profissionais e familiares. Algumas empresas até investem nesta área. Se sua mulher é uma pessoa espiritualizada, ficará muito feliz se você decidir acompanhá-la aos encontros religiosos que ela frequenta. Será bom para ambos.

59

Ela vive deprimida

Portanto, restaura-me a saúde e faze-me viver.
Isaías 38,16

Sua mulher tem andado triste e deprimida sem nenhum motivo. O que aconteceu? Ela não era assim! Você já fez de tudo para alegrá-la, mas a tristeza veio para morar. Você começa a achar enjoativo ter que lidar com uma pessoa que só vive para baixo e começa a achar as mulheres lá fora mais alegres e felizes. Muitas mulheres depois dos 30 anos adquirem transtornos da tireoide, que é a glândula do bem-estar, e por deficiência da dosagem de hormônios elas ficam deprimidas sem qualquer motivo. Hora de cuidar da sua princesa! Leve-a ao médico, procure um endócrino ou um ortomolecular, e acompanhe-a no tratamento, preocupe-se e cuide da saúde dela.

60

Trate a angústia pela raiz

Então, na sua angústia, clamaram ao Senhor, e ele os livrou das suas tribulações.

Salmo 107,28

Sua mulher tem demonstrado sentimentos de angústia? Aquele misto de prostração, revolta, sensação de abandono que traz junto uma grande dose de sofrimento? Qual é a raiz do problema? Nenhuma angústia tem origem num único motivo, mas numa sequência de razões que geram uma grande incerteza quanto ao futuro. Às vezes as mulheres ficam angustiadas por não conseguirem decifrar o que está acontecendo com seus maridos. Cuide da sua mulher ajudando-a nos momentos de angústia, mostrando seu companheirismo, cumplicidade e leve, juntamente com ela, os problemas a Deus.

61

Quem foi o pai dela?

Vede que grande amor nos tem concedido o Pai, a ponto de sermos chamados filhos de Deus; e, de fato, somos filhos de Deus.

1 João 3,1

Algumas mulheres tiveram experiências muito negativas com seus pais, ou homens de uma forma geral, quando eram meninas. Muitas foram abandonadas, outras foram agredidas física e verbalmente, muitas foram enganadas, outras foram abusadas sexualmente ou até violadas. Cada ser humano tem uma complexa bagagem de vida. Se sua mulher está muito agressiva com sua aproximação física, procure conhecer o seu passado. Sente ao lado dela, ouça as histórias de sua infância. Uma mulher reconhece amor nestes pequenos atos.

62

Ela não é tão insegura!

Afasta o teu caminho da mulher adúltera e não te aproximes da porta da sua casa.

Provérbios 5,8

Alguns homens ficam muito irritados com suas mulheres porque elas são ciumentas. Eles dizem que elas são inseguras e não acreditam no amor deles. A mulher possui uma intuição muito forte. Faz parte da natureza feminina e é um dom dado por Deus. Se sua mulher não gosta do jeito com o qual determinada mulher se aproxima de você, não é porque ela não confia em você, é porque ela não confia na pureza de intenções da outra mulher. Uma fera percebe a intenção de outra fera! Nesta briga de felinas, que tal dar crédito para as suspeitas dela se afasta do da ameaça?

63

Exalte as qualidades

Amai-vos cordialmente uns aos outros com amor fraternal, preferindo-vos em honra uns aos outros.
Romanos 12,10

Uma das coisas mais perniciosas que pode haver entre pessoas que se amam é o ataque. Jogar episódios do passado "na cara" do outro é uma coisa muito triste, significa falta de capacidade de perdoar. Evite confrontos deste tipo. Conheci um casal que fez um trato. Cada vez que ela falasse uma palavra depreciativa para o marido, ele respondia a ela com um elogio. E vice-versa. Se era ele quem depreciava, ela o elogiava. Em pouco tempo as brigas entre eles acabaram. Esta não é uma boa dica para paparicar sua mulher? Faça este trato com ela se vocês andam se arranhando muito.

64

Quem manda nesta casa sou eu!

E governe bem a própria casa, criando os filhos sob disciplina, com todo o respeito.

1 Timóteo 3,4

Algumas mulheres se sentem sem liberdade nas próprias casas quando seus maridos ocupam todo o espaço. Alguns homens gostam de ser soberanos e reverenciados por esposa e filhos. Usam o poder para satisfazer seu próprio desejo de dominação. Está na hora de tratar isso! Seja diplomático, negocie as questões da família. Não imponha sua vontade desrespeitando o desejo dos demais. Não queira ser reverenciado, deseje ser respeitado porque é amado. Respeite sua mulher como alguém semelhante a você que está no mesmo nível e não abaixo, como um capacho.

65

Seu tesouro mais precioso

Porque, onde está o teu tesouro aí estará também o teu coração.

Mateus 6,21

Nos dias de hoje as pessoas andam muito individualistas. Elas não se unem mais porque querem construir uma vida juntos, mas porque a companhia da outra pessoa é conveniente. Quando deixa de ser conveniente, imediatamente ela é descartada e, como se diz na gíria, "a fila anda". Este utilitarismo tem invadido muitos matrimônios. Não faça do seu casamento um relacionamento de conveniência, mas de amor. Paparique sua mulher, não a trate como um objeto que você usa e joga fora, mas trate-a como seu tesouro mais precioso, sua pérola rara de enorme valor.

66

Onde está a alteridade?

E nos amemos uns aos outros segundo o mandamento que nos ordenou.

1 João 3,23

Nestes tempos de individualismo e projetos pessoais, os planos feitos a dois se tornam cada vez mais escassos. As pessoas estão cada vez menos dispostas a fazer sacrifícios voluntários em prol de outras. Cada um deseja viver para si e não para o outro. A palavra alteridade e a sua matriz, altruísmo, perdeu significado na era em que vivemos. Qual foi a última vez que você fez um sacrifício grande pela sua mulher? Não fique lamurioso se ela não te deu o reconhecimento que você achava merecer. Alteridade requer fazer sacrifícios por ela simplesmente por amá-la.

67

Nunca esqueça o muito obrigado

Sede agradecidos.

Colossenses 3,15

Uma das coisas que mais dói o coração do ser humano é a ingratidão, a falta de reconhecimento. Não tem coisa mais triste do que fazermos algo com tão bom coração, cheios de alegria e não recebermos da outra pessoa sequer uma palavra de obrigado ou o reconhecimento pelo nosso esforço. Se sua mulher lhe fez um agrado, seja uma comida que você gosta, ou colocou a roupa que você deu de presente, qualquer que seja o gesto, lembre-se das palavrinhas mágicas: "querida, muito obrigado pelo seu carinho comigo, não sei o que seria de mim sem esse seu chamego". Ela vai ficar muito feliz, tenha certeza.

68

Eduque os filhos

Ensina a criança no caminho em que deve andar, e, ainda quando for velho, não se desviará dele.

Provérbios 22,6

Algumas mulheres se sentem muito sozinhas na tarefa de educar os filhos. Tudo recai sobre os ombros delas: ler histórias, providenciar material escolar, levar para a escola, frequentar reuniões de pais, levar a médicos, dentistas etc. etc. e ainda tem os deveres de casa! Dever de casa dos filhos é quase uma jornada de trabalho adicional para algumas mães. Divida estas tarefas com ela. Não se ausente do processo educativo. É importante para os filhos e ela ficará aliviada de contar com você para esta tarefa tão significativa na vida da família.

69

Sem procrastinação

Assim, pois, cada um de nós dará contas de si mesmo a Deus.

Romanos 14,12

Uma coisa que incomoda muitas mulheres é a falta de iniciativa dos homens, principalmente na tomada de decisões. Mulheres que dão valor ao papel do homem na família esperam que eles tomem decisões acertadas sobre o futuro dos seus, mas não podem esperar muito por isso. Muitos homens sobrecarregam suas mulheres com muitas decisões que seria muito melhor que eles tomassem. Paparique sua mulher assumindo estas responsabilidades. Não transfira para ela responsabilidades que são suas, nem fique adiando eternamente a tomada de decisões. Corresponda à expectativa que ela tem sobre um chefe de família.

70

Honre sua mulher

Criando os filhos sob disciplina, com todo o respeito.

1 Timóteo 3,4

Nos dias de hoje é cada vez maior o número de lares que experimentam o crescimento dos pequenos tiranos. São crianças que têm total controle sobre os pais, sobre a comida, sobre a hora que fazem suas atividades e o lugar onde seus pertences são espalhados pela casa. Para os pais, que passam maior parte do dia no emprego, isso não causa tanto desgaste. Mas conviver com estes tiranos esgota uma mulher. Paparique sua mulher honrando-a diante de seus filhos. Não permita que eles a desrespeitem. Poupe sua esposa deste desgaste e discipline seus filhos cada vez que eles a ofenderem.

71

Peça ajuda para lidar com a raiva

O que rapidamente se ira faz loucuras, e o homem de maus desígnios é odiado.

Provérbios 14,17

Muitas mulheres se sentem inseguras e amedrontadas quando percebem que seus maridos gritam com elas, as destratam e as humilham. Aquele ser que deveria protegê-las só sabe agredi-las. Você pode ter muitos motivos justos para estar bravo e enraivecido, mas se não estão relacionados com sua mulher, ela não pode ser o alvo de suas frustrações. Talvez ela já tenha se queixado que você a humilha. Isso é sério. Peça perdão, não repita as grosserias e procure um tratamento psicológico para lidar com a raiva. Mostre a ela que você se importa com a qualidade de vida que compartilham, mostre que deseja melhorar.

72

Ela é o teu melhor vinho!

Saciem-te os seus seios em todo o tempo; e embriaga-te sempre com as suas carícias.

Provérbios 5,19

Sua mulher já lhe disse que não gosta quando você chega em casa com cheiro de bebida e todo alterado, mas você insiste em encher a cara antes de chegar em casa. É seu direito, afinal quem é ela para dizer como é que você vai gastar o seu dinheiro, ou determinar o que você pode ou não fazer? Ela é a pessoa que te ama, que tem interesse no seu bem-estar, e deseja muito viver feliz com você. Ela não quer dividir a vida com alguém que não quer ter controle sobre seus sentidos. Ela não quer ser trocada pelo álcool. Embriague-se com os amores da sua mulher e não com os líquidos da garrafa.

73

A comida da mamãe

Não destruas a obra de Deus por causa da comida.

Romanos 14,20

Não tem coisa mais triste para uma mulher que adora cozinhar para o marido do que ouvi-lo o tempo inteiro elogiar a comida da mãe dele. Ela passou o dia inteiro ali, pesquisando receitas, uma cozinha que parecia uma oficina de um alquimista, de tantos temperos e cheiros. Se ela sabe o que você gosta, ela ficou o dia inteiro cozinhando para você! Você chegou do trabalho e disse: não quero comer não, já comi na casa da minha mãe! Isso realmente é uma desfeita. Faça questão de comer a comida dela e pare de ficar elogiando a comida da sua mãe!

74

Abandone o rancor

Sejam amáveis e prontos para perdoar, jamais guardem rancor

Colossenses 3,12

Sua mulher é muito teimosa e pior, costuma ter muita razão nas coisas que você insiste em fazer diferente. Parece até uma profetisa, sempre adivinhando o que vai dar errado. E você, tem a tendência de tentar puni-la por estar certa. Quando ela pede algo, você não quer fazer. Se ela deseja alguma coisa, você contraria. Quando ela erra você tem prazer de vê-la errar. Esqueça a vingança, não cultive a vontade de puni-la por motivo algum. Trate-a bem por ter tamanha intuição.

Use a intuição dela a seu favor.

75

Semeando gentileza

A ternura do teu coração e as tuas misericórdias permanecem comigo.

Isaías 63,15

Você normalmente não tem muita paciência e sua mulher não está ajudando nem um pouco. Só cobra, reclama e perturba. Que vontade de explodir! Muita calma nesta hora! Está na hora de procurar as coisas boas que você pode fazer! Procure pelas situações do cotidiano com as quais você normalmente não seria muito gentil e não exploda, inove! Seja gentil com sua mulher, use a gentileza como ingrediente principal das suas ações. Gentileza gera gentileza.

76

Tenha interesse por cultura

Ouça o sábio e cresça em prudência; e o instruído adquira habilidade para entender provérbios e parábolas, as palavras e enigmas dos sábios.

Provérbios 1,5-6

Sua mulher gosta de ambientes sofisticados? Gosta de ir ao teatro, ao cinema, a concertos, museus e exposições? Você não se sente muito bem nestes lugares porque não entende muito de artes e etc. Entretanto, vale a pena investir. Muitos casamentos acabam porque um dos cônjuges não tem interesse em partilhar dos mesmos interesses do outro. Que tal demonstrar mais interesse pelas artes e assuntos culturais? Fazer um programa mais sofisticado com ela é um ótimo jeito de paparicá-la. Já tentou?

77

Seja atencioso

Por que andas irado, e por que descaiu o teu semblante?

Gênesis 4,6

Muitas vezes estamos desatentos à nossa forma de falar e ter expressões faciais. Achamos que somente por falar seremos compreendidos. Mas o nosso corpo também fala. O tom de voz e a linguagem corporal que utilizamos comunicam muito mais do que nossas palavras. Se a sua mulher está falando algo e você comunica que está ouvindo, mas não demonstra isso com interesse no olhar, no corpo ou no tom de voz, tenha certeza que está comunicando indiferença. Seja atencioso de verdade. Não demonstre má vontade em ouvi-la.

78

Encare os desafios

Tendo Abrão entrado no Egito viram os egípcios que a mulher era sobremaneira formosa.
Gênesis 12,14

Você foi transferido para outro Estado. A profissão exige estas mudanças de tempos em tempos. A família está toda envolvida, pois todos terão que, simultaneamente, se acostumar com novos amigos, novos vizinhos, nova escola, novo ambiente de trabalho. Muitas mulheres transformam estes momentos em grandes tormentos, pois estão excessivamente apegadas ao seu ambiente, à casa e aos amigos. Principalmente se ela não trabalha fora. Se você já passou por situação semelhante, seja compreensivo. Encare o desafio com bravura, sendo um facilitador na adaptação.

79

E a cama, como vai?

O meu amado meteu a mão por uma fresta, e o meu coração se comoveu por amor a ele.
Cântico dos Cânticos 5,4

Como vai o sexo entre vocês? Muitos maridos se queixam que suas mulheres não correspondem ao seu desejo e não se sentem à vontade para compartilhar com elas suas fantasias porque elas ficariam assustadas. Entretanto, muitas mulheres não se abrem para certos desejos de seus maridos por pura falta de sabedoria deles em persuadi-las. Sei de casos em que a persuasão do marido foi tão sedutora que ela passou a ter prazer enorme com situações que tinha total antipatia anteriormente. Sua mulher não é sua escrava sexual. Dedique-se a dar-lhe prazer, pelo puro prazer de vê-la feliz.

80

Leveza para viver

O gotejar contínuo no dia de grande chuva e a mulher rixosa são semelhantes.

Provérbios 27,15

No mundo agitado em que vivemos é muito fácil nos sobrecarregarmos de tensões em deveres, e transformarmos o viver em sobrevivência, o prazer em obrigação e os momentos de desfrutar a vida em momentos de luta e tribulação. Leveza para viver é um componente imprescindível dos nossos dias, caso contrário não suportaremos estar vivos. Contagie sua mulher com sua leveza. Não crie caso com pouca coisa, não seja um marido grosseiro. Seja uma agradável companhia, sempre.

81

Ouvindo críticas a seu respeito

Joabe entrou na casa do rei e lhe disse: Hoje, envergonhaste a face de todos os teus servos, que livraram, hoje, a tua vida, e a vida de teus filhos, e de tuas filhas, e a vida de tuas mulheres, e de tuas concubinas.

2 Samuel 19,5

Poucas pessoas na atualidade demonstram maturidade para lidar com as críticas. Muitas querem ouvir o que a outra pensa a respeito dela, mas quando ouve, se abala com o que ouviu e rejeita veementemente aquilo que foi dito. Você sabe lidar com a crítica? Se sua mulher diz que você tem tal hábito que ela não gosta, não é tempo de se esforçar para mudar? Se ela insiste com você sobre isso é porque se sente incomodada. Não é hora de dar ouvidos e se esforçar por melhorar?

82

O que nutre o casamento

Com Deus está a sabedoria e a força; ele tem conselho e entendimento.

Jó 12,13

Depois de muito tempo casados, não é mais o sexo, a atração física e a jovialidade que mantêm um casal unido, mas sim a forma como eles aprenderam a compartilhar os sonhos, a dividir a vida, os espaços, os anseios. Tudo isso é sempre fruto de muita conversa, muito diálogo. Alguns casais levaram esta parte do casamento para algum canto perdido. Já não sabem mais conversar nem dialogar. Não seja fechado para o diálogo. Busque sempre se entender com sua mulher, dialogue sempre. O que mantém um casal unido até que a morte os separe é, sem dúvida, a capacidade de conversar.

83

Priorizando a saúde

E a paz de Deus, que excede todo o entendimento, guardará o vosso coração e a vossa mente em Cristo Jesus.

Filipenses 4,7

Você não entende porque a comunicação entre vocês está difícil ultimamente, a sua paciência está acabando mais rápido. Você está com o sono agitado, trinca os dentes enquanto dorme entre outros desequilíbrios. Se somados, mostram um quadro mais complexo. Lembre-se que não há relacionamento saudável sem uma mente e um corpo saudável. Se você estiver somatizando doenças por algumas tensões é hora de cuidar da saúde. Sua comunicação e seu relacionamento com sua mulher vão melhorar muito quando você cuidar daquilo que não está bem na sua saúde.

84

Não se acomode

Viu que o repouso era bom e que a terra era deliciosa; baixou os ombros à carga e sujeitou-se ao trabalho servil.

Gênesis 49,15

Muitos maridos se sentem cansados de tentar fazer suas esposas saírem daquela zona de conforto da casa, comida e filhos. Elas se acomodaram ali porque não gostam de encarar desafios e assumir riscos. Não desejam trabalhar, voltar a estudar e parecem que perderam o interesse por aprender. A acomodação tem sido responsável por uma enorme carga de desestímulo na vida do casal. Se sua mulher tem esta tendência acomodada, está na hora de você mostrar para ela que isso lhe incomoda. Estimule-a a fazer seus próprios empreendimentos. Dê o apoio que for necessário.

85

Serenidade no cotidiano

O ânimo sereno é a vida do corpo.

Provérbios 14,30

A melhor conquista de um ser humano é a paz interior. Seu casamento está recheado de paz? Como você reage às ideias da sua mulher? Uma das coisas que mais atrai uma mulher é a segurança. Nenhuma mulher gosta de viver ao lado de um homem inseguro e excessivamente dependente. Muito dessa segurança é transmitida pela serenidade, no tom de voz, na ponderação com as atitudes e, principalmente, na tranquilidade com que encara as surpresas do dia a dia. Agrade sua mulher, cultive a serenidade e o equilíbrio em todas as instâncias da vida a dois. Isto é oferecer segurança.

86

Mostre que você se importa

E aquele que sonda os corações sabe qual é a mente do Espírito; porque segundo a vontade de Deus é que ele intercede pelos santos.

Romanos 8,27

Uma das grandes necessidades que o ser humano tem é a de ser percebido, de ser notado. Quando uma pessoa está aborrecida, por mais que ela deseje ficar quieta a respeito, faz uma grande diferença se importar com aquilo que ela está passando. Sua mulher está estranha? Não faça vista grossa. Se interesse pelo que estiver acontecendo. Sem cobranças e censuras mas, simplesmente, pelo desejo de oferecer companheirismo.

87

Cuidado com o dinheiro!

Depois de ter consumido tudo, sobreveio àquele país uma grande fome, e ele começou a passar necessidade.

Lucas 15,14

Como você se comporta com as finanças? Muitos casamentos têm naufragado porque um dos cônjuges inverte prioridades quando se trata de fazer gastos. A família entra em colapso financeiro por conta do comportamento compulsivo de um deles. Vocês mergulham num endividamento insuperável por esta falta de controle. Se você, homem, é consumista e perde o controle quando tem oportunidade de gastar dinheiro, que tal agradar sua mulher permitindo que ela ajude a administrar as finanças da casa? Ela ficará contente de saber que você quer aprender a controlar este impulso.

88

Não exagere na vulnerabilidade

Dá-me a conhecer, Senhor, o meu fim e qual a soma dos meus dias, para que eu reconheça a minha fragilidade.

Salmo 39,4

A vulnerabilidade é uma característica normal do ser humano. Todos nós nos sentimos, em um ou outro momento, fragilizados e vulneráveis. Mas alguns homens têm hábito de se mostrar fragilizados e manipular a família com esta fragilidade. Chantageiam suas mulheres com doenças, pois não sabem ser contrariados e se sentem bem sabendo que a outra pessoa está dedicada de tempo integral a ele. Não seja manipulador. Seja natural. Encontre o caminho de ser levado a sério sem usar tais mecanismos.

89

Seja perceptivo

Os seus filhos recebem honras, e ele o não sabe; são humilhados, e ele o não percebe.

Jó 14,21

Muitas mulheres se irritam com seus maridos porque eles não têm bom-senso a respeito de várias coisas. Elas esperam que eles tenham uma percepção igual à delas. Todavia, há muitas mulheres que também são desligadas e não fazem questão de perceber o que se passa à sua volta. Faça um esforço para ser mais perceptivo. Use o seu bom-senso para perceber o que está acontecendo ao seu redor. Agrade sua mulher colocando bom-senso nas atitudes, acionado por meio da sua percepção.

90

Reconheça suas limitações

Visto que os seus dias estão contados, contigo está o número dos seus meses; tu ao homem puseste limites além dos quais não passará.

Jó 14,5

Muito se fala atualmente sobre autoconhecimento. Você se conhece o suficiente? Às vezes achamos que nos conhecemos de verdade, mas o que temos é um panorama, uma visão superficial da nossa personalidade e a imagem que fazemos de nós mesmos pode não ter nada a ver com aquilo que as pessoas veem em nós. Como alguém que está de fora, sua mulher pode enxergar coisas sobre você que você mesmo não enxerga. Quando ela sinalizar afirmando algo sobre você, analise com seriedade esta questão e use a dica que ela deu para agradá-la ainda mais.

91

Surpreenda com a profundidade!

Ai dos que escondem profundamente o seu propósito do Senhor, e as suas próprias obras fazem às escuras, e dizem: Quem nos vê? Quem nos conhece?

Isaías 29,15

O mundo anda farto de banalidades. A forma como as pessoas têm se adaptado ao superficial nos impressiona. Elas querem intensidade de emoções, mas sem as responsabilidades e os compromissos da profundidade de intenções. Uma pessoa séria e equilibrada nos seus sentimentos e coerente em suas atitudes, hoje em dia, é uma raridade. Seja profundo com as coisas que ela realmente valoriza. Não entre na onda da superficialidade, pois, por elas, muitos casamentos andam se desfazendo.

92

Trabalhe a inconstância

Não suponha esse homem que alcançará do Senhor alguma coisa; homem de ânimo dobre, inconstante em todos os seus caminhos.

Tiago 1,7-8

Lidar com alguém que uma hora está muito alegre, poucos minutos depois está muito irritado é algo difícil. Como adivinhar aquilo que podemos falar? Se você percebe que seu temperamento é oscilante entre os altos e baixos, uma forma bem legal de agradar sua esposa é procurando um tratamento para estas inconstâncias. Conheça seu temperamento de forma que, quando alguém falar algo que não te agrada, você saiba ponderar sua reação antes que ela estrague tudo. Cuide da sua mulher ponderando suas reações.

93

Esteja disponível

Faze tudo segundo inclinar o teu coração; eis-me aqui contigo, a tua disposição será a minha.
1 Samuel 14,7

Uma esposa se queixou, que toda vez que seu marido precisava de companhia para os seus projetos, ela sempre estava lá, para acompanhá-lo no que fosse preciso. Mas ele nunca estava disponível na mesma medida para atendê-la. Sua mulher está sempre pronta a lhe assistir quando você necessita? E você, o que faz com esta disponibilidade dela? Paparique a sua mulher retribuindo a disponibilidade dela com uma disponibilidade ainda maior. Seja generoso com o tempo que você oferece, faça por amor a ela.

94

O *shopping* pode ser seu melhor amigo

Ao visitar-vos, pela vontade de Deus, chegue à vossa presença com alegria e possa recrear-me convosco.
Romanos 15,32

Algumas mulheres têm uma implicância enorme com o futebol do seu marido. E os maridos, por sua vez, têm uma enorme implicância com as manias das mulheres fazerem compras. Tanto o futebol como as compras estão na vida das pessoas pelos mesmos motivos: diferenças de gênero. Já pensou em fazer um acerto com ela do tipo: "Querida, vá para o *shopping* se divertir fazendo compras, e eu vou para o futebol produzir endorfinas. Quando eu sair do futebol, passo em casa, tomo um banho e te pego lá para curtirmos um cinema depois das compras". Respeite as diferenças de gênero e use-as como suas aliadas.

95

Fale bem, ouça bem

Alegro-me porque, em tudo, posso confiar em vós.

2 Coríntios 7,16

Há homens que falam tanto ou mais do que as mulheres. Mas alguns só sabem falar de tristezas. Não faça dos seus momentos espaços de lamúrias. Já que você não consegue evitar falar muito, fale das coisas boas. Fale de situações alegres. A alegria deve permear os momentos a dois. E quando ela falar, ouça mesmo. Este é um momento precioso. Seja bom ouvinte tanto quanto é bom falador! Dê muitos motivos para que ela queira ouvi-lo.

96

O indispensável cafuné

Nos tornamos carinhosos entre vós, qual ama que acaricia os próprios filhos.

1 Tessalonicenses 2,7

Um homem olha para uma mulher considerando-a muito forte, segura, adulta e se esquece que ali dentro mora uma menina que precisa de muitos abraços. O lado meigo e dengoso de uma mulher sempre vem à tona quando é devidamente estimulado. Que tal fazer do cafuné o primeiro gesto de carinho do dia e o último antes de deitar? Cultive isso como um hábito. Certamente vai aplacar muitas tensões entre vocês, pois o lado dengoso virá à tona e a leoa vai virar uma gatinha.

97

Controle a ciumeira

Porque o ciúme excita o furor do marido; e não terá compaixão no dia da vingança.

Provérbios 6,34

Algumas mulheres se sentem sufocadas com o nível de ciúme de seus maridos, pois implicam com seus amigos, suas amigas, com os filhos e até com a família dela. Um ciúme desmedido desta forma é sinal que com sua mulher você estabeleceu uma relação de posse e você não a respeita como mulher, mas a trata como se fosse um objeto. Definitivamente, ciúme não é uma boa jogada. Se você é ciumento, é hora de tratar esse sentimento antes que você provoque o total desinteresse da sua mulher por você.

98

Voluntário nas tarefas de casa

Não negligencieis, igualmente, a prática do bem e a mútua cooperação.

Hebreus 13,16

Atualmente é bem mais fácil encontrar maridos dispostos a dividir as tarefas do lar com suas esposas. Mas a grande maioria dos homens só faz quando é solicitado. Se você é deste tipo, que tem que esperar que sua mulher o acione e insista para ter alguma participação nas tarefas de casa, faça diferente. Seja mais voluntário. Mostre para sua mulher que você sabe que ela está sobrecarregada e deseja aliviar este fardo. Seja um companheiro com um alegre coração voluntário. E não faça nada de cara feia ou resmungando. Isso magoa mais do que se não ajudasse. Tenha certeza!

99

Ela também tem necessidades

E se dispôs a dar a própria vida, para suprir a vossa carência de socorro para comigo.
Filipenses 2,30

Num relacionamento a dois, unem-se também, e às vezes, acima de tudo, duas necessidades. Dois seres humanos que se precisam estão diante um do outro. Você já parou para prestar atenção às carências dela. O que a deixa vulnerável e fragilizada? O que você pode fazer para ajudá-la? Converse com ela sobre isso, pergunte o que ela gostaria que você fizesse nestas horas. Nem sempre nossa iniciativa pode ser bem acolhida. Encontre a chave deste mistério e supra esta carência com a atitude correta.

100

A arrogância da autossuficiência

Abominável é ao Senhor todo arrogante de coração; é evidente que não ficará impune.

Provérbios 16,5

Muitos casais experimentam o distanciamento porque um dos cônjuges é muito autossuficiente e não dá espaço para que o outro se aproxime, tentando ajudar. Se sentir completo, sem necessitar da ajuda do outro é prepotência. Todos nós temos limites. Nunca somos completos em nós mesmos, senão não precisaríamos de um companheiro, não é mesmo? Não seja autossuficiente. Permita que ela o ajude, mesmo naquilo que você não gostaria de ser ajudado. Estes são momentos de aproximação e não devem ser desprezados.

101

De mãos dadas na beira da praia

Há três coisas que são maravilhosas demais para mim, ... o caminho da águia no céu, ... o caminho do navio no meio do mar e o caminho do homem com uma donzela.

Provérbios 30,18-19

Quanto tempo faz que vocês não caminham juntinhos de mãos dadas, como faziam quando namoravam? Está na hora de resgatar estes pequenos gestos que alimentam o romantismo da vida a dois. A lua está linda? Saiam de casa agora, leve-a para ficar sob o luar, abraçada, contemplando as estrelas. O pôr do sol está impagável? Não desperdice a chance! Interrompa o que estão fazendo e leve-a para a janela, contemplem este espetáculo. Lembre-se de não desperdiçar as coisas simples da vida. Esses momentos jamais se repetem.

102

Sem pressa!

Tudo tem o seu tempo determinado, e há tempo para todo propósito debaixo do céu:
Eclesiastes 3,1

Fazia tempo que vocês não saíam juntos. Conseguiram uma rara oportunidade de estarem com um dia inteiro só para vocês. Sem filhos, sem sogras, sem trabalho, sem telefone tocando. Vocês fizeram um programa que ocuparia o dia inteiro, mas você olha para o relógio todo o tempo, como se estivesse ansioso para terminar o encontro com ela. O que pode ser mais importante do que a intimidade de vocês dois? Dê um tempo para vocês usufruírem do espaço para o namoro. Não coloque nada neste lugar.

103

Café na cama

Semeia pela manhã a tua semente e à tarde não repouses a mão, porque não sabes qual prosperará; se esta, se aquela ou se ambas igualmente serão boas.

Eclesiastes 11,6

Você é romântico o bastante para levar café na cama para ela? Muitos homens gostam de receber, mas não gostam de fazer. Toda mulher adora ser tratada desta forma. Que tal você preparar aquele café da manhã bem gostoso e acordá-la com muitos beijinhos e com este dedicado agrado? A manhã promete!

104

Não impeça as realizações dela

Em sonho ou em visão de noite, quando cai sono profundo sobre os homens, quando adormecem na cama, então, lhes abre os ouvidos e lhes sela a sua instrução.

Jó 33,15-16

Você gosta quando alguém impede você de realizar sonhos importantes ou quando lança muitas barreiras para que você não consiga chegar lá? Ninguém gosta de ser embarreirado dessa forma, não é mesmo? Faça uma autoanálise e veja se você está embargando algum projeto importante da sua mulher. Veja se você não está atrapalhando a realização de um sonho antigo. Que tal oferecer apoio para este projeto tão importante dela?

105

Compareça!

Não te apresses em deixar a presença dele.
Eclesiastes 8,3

Muitas mulheres reclamam que seus maridos ficam muito ausentes e de fato, se eles puderem evitar passar tempo com suas mulheres e trocar estes momentos por qualquer outra atividade, eles preferem. E a mulher sente isso. Você tem deixado sua mulher muito sozinha? Ela gosta quando você faz isso ou prefere participar dos seus programas? Não deixe de se fazer presente nos momentos mais simples do cotidiano. Companheirismo é fundamental.

106

Não provoque!

Como o bramido do leão, é o terror do rei; o que lhe provoca a ira peca contra a sua própria vida.

Provérbios 20,2

Há hábitos que você tem que sua mulher já insistiu para você não fazer. Você não dá muita importância para isso, pois se sente no direito de ser quem você quiser. Aliás, aproveita isso para provocá-la quando está com raiva, fazendo de propósito para não dar a ela o direito de opinar. Cultivando este tipo de provocação você destrói o afeto que ela tem por você. Seja cordato e trate-a como você gosta que ela te trate. Se é para provocar, provoque-a com sedução e não com coisas que a irritam.

107

O estilo largadão

Orna-te, pois, de excelência e grandeza, veste-te de majestade e de glória.

Jó 40,10

Você gosta de se vestir confortável, mas não tem o menor gosto para escolher suas próprias roupas. Se ficar um pouquinho distraído veste xadrez com estampado sem qualquer noção de combinar cores e estilos de roupa. Vestir-se confortável não é sinônimo de vestir-se mal. Há inúmeros programas e dicas sobre como combinar a vestimenta. Que tal se assessorar um pouco para sua mulher não ter a impressão que se casou com o espantalho da plantação de milho?

108

Falta de exclusividade

O amor é paciente, é benigno; o amor não arde em ciúmes, não se ufana, não se ensoberbece.
1 Coríntios 13,4

Alguns homens se sentem ameaçados com a aproximação de qualquer parente dela. Sejam seus pais, irmãos, ou filhos de outro casamento. Não implique com a família da sua mulher. Seja equilibrado e trate-os como você gostaria que ela tratasse os seus parentes mais íntimos. Não tenha ciúme dessas pessoas. Se sua mulher é dedicada à família dela, isso é bom sinal, significa que ela também será dedicada a você e aos filhos. Valorize esta qualidade que ela tem.

109

O provedor do lar

Por que gastais o dinheiro naquilo que não é pão, e o vosso suor, naquilo que não satisfaz?

Isaías 55,2

Uma coisa que deixa os homens muito inseguros é a sensação de que eles não poderão suprir o lar de alimentos e daquilo que lhes falta. Se você é desses maridos superpreocupados em ser o provedor, mas está num momento profissional delicado e, temporariamente, não consegue dar conta, permita a ajuda de sua mulher. Algumas mulheres se sentem muito feridas porque percebem que o marido está em dificuldade, elas trabalham e têm condições de ajudar e eles, orgulhosos, não permitem. Não seja altivo, nem se sinta humilhado por ela participar deste momento.

110

Transparência total

Pois, onde há inveja e sentimento faccioso, aí há confusão e toda espécie de coisas ruins.

Tiago 3,16

Algumas mulheres gostam de fazer mistério com seus sentimentos e ficam ofendidas quando seus maridos não adivinham o que elas sentem. Ao serem questionadas sobre o que se passa, elas esperam que eles já saibam. Quando eles não sabem, passam a acusá-los de não se importarem com elas. Converse sobre os sentimentos dela. Peça que ela seja objetiva quanto a isso para que você consiga criar uma forma de não fazê-la sofrer. Ela é alguém que você ama, não um inimigo.

111

Pertinho do corpo

Não tendes limites em nós; mas estais limitados em vossos próprios afetos.

2 Coríntios 6,12

Muitos casais começam a se afastar fisicamente depois de certo tempo juntos. Alguns acham normal, à medida que a idade chega e o vigor sexual diminui, que a distância física aconteça também. Nenhum casamento sobrevive sem afetividade, sem toque, sem calor. Se você já entrou nesta onda, é hora de recuperar a capacidade de abraçar, de beijar, de deitar no colo, de acariciar os cabelos da sua mulher. Vai tentar?

112

Voe junto com ela

Porque, assim como os céus são mais altos do que a terra, assim são os meus caminhos mais altos do que os vossos caminhos.

Isaías 55,9

Há mulheres que são mais emocionais que outras. E alguns homens são mais insensíveis que outros. Se um homem assim é casado com uma mulher que tem um viés artístico muito forte, achegada à poesia, às artes de forma geral, ele pode ser um desestímulo para sua criatividade artística. Este é seu caso? Mesmo que não seja, se permita viajar um pouco na imaginação dela. Ela quer companhia. Águias voam acompanhadas, faça esse voo com sua mulher.

113

Muito exigente consigo?

Agora, pois, por que tentais a Deus, pondo sobre a cerviz dos discípulos um jugo que nem nossos pais puderam suportar, nem nós?

Atos 15,10

Cuidado para não desaguar na sua mulher as exigências que você tem consigo mesmo. Você tem todo direito de ser muito exigente consigo mesmo, rigoroso, inflexível, mas ao se casar com ela, não o fez porque ela era igual a você. Cobrar dela certas coisas, com o mesmo rigor que você cobra de si pode se tornar um fardo complicadíssimo de carregar durante a vida de vocês. Seja flexível. Lembre-se que ela não tem a mesma estrutura que você. Exija menos de sua mulher.

114

Entrei na casa errada?

Pois toda casa é estabelecida por alguém, mas aquele que estabeleceu todas as coisas é Deus.
Hebreus 3,4

Algumas mulheres são muito agitadas em relação ao conforto dentro de casa. Elas mudam os móveis de lugar a toda hora. Alguns maridos se sentem muito desconfortáveis com essa agitação interior que elas têm. Esse é seu caso? Cada vez que entra em casa tem a sensação que entrou na casa errada porque não reconhece mais o ambiente de sua sala? Tente compreender porque ela age desta forma. Como bom observador, tente encontrar aquilo que a está agitando.

115

Mostre prazer de acompanhá-la

Vem, ó meu amado, saiamos ao campo, passemos as noites nas aldeias.

Cântico dos Cânticos 7,11

Alguns casais costumam sair juntos, mas eles muito facilmente passam a impressão de que estão ali contrariados. Parece até que saíram de uma briga. Isso ocorre porque perderam a capacidade de namorar durante o casamento e os programas juntos viram obrigações sociais. Ele sai lá na frente, ela sai lá atrás. Andam separados como se não se pertencessem. Onde está o companheirismo? Andem ao lado um do outro. Não ande mais depressa que ela; faça questão de caminhar de mãos dadas. Vocês decidiram viver juntos. Que tal mostrar o prazer que isso te dá?

116

Ela está tentando conversar

Responder antes de ouvir é estultícia e vergonha.

Provérbios 18,13

Vocês estão conversando. Mas você não deixa ela completar uma frase sequer. Monopoliza o diálogo o tempo inteiro, ela se sente uma ignorante já que você não valoriza sequer o direito de ela se expressar. Muitas mulheres se sentem desestimuladas de conversar com seus maridos porque cada vez que isso acontece saem humilhadas e ridicularizadas. Que tal deixar que ela fale o que tem a dizer? Mostre que você valoriza sua opinião e seu ponto de vista.

117

Hora de brincar

No dia seguinte, madrugaram, e ofereceram holocaustos, e trouxeram ofertas pacíficas; e o povo assentou-se para comer e beber e levantou-se para divertir-se.

Êxodo 32,6

O que vocês gostam de fazer juntos? Ir ao cinema? Ler? Jogos de tabuleiros? Fazer fotografias? Mosaicos? Vocês não se aproximaram sem que houvesse um mínimo de afinidade entre vocês. Vocês têm dedicado o tempo necessário para apreciar estas afinidades ou estão se concentrando apenas nas diferenças? Que tal começar a organizar a agenda para vocês desenvolverem as afinidades? Desenvolvam a capacidade de se recrear juntos. Um joguinho de tabuleiro acaba sendo uma ótima oportunidade de dialogar, já pensou?

118

Humildade não faz mal a ninguém

O temor do Senhor é a instrução da sabedoria,
e a humildade precede a honra.
Provérbios 15,33

Vocês viajaram para algum lugar novo e você não olhou o mapa, perdeu o caminho e, é claro, ficou com muita raiva. Sua mulher insiste para que você peça informações a algum passante. Mas você é orgulhoso demais e prefere gastar horas perdido na estrada do que pedir ajuda. Ok. É difícil mesmo para o homem admitir que fracassou nestas horas, mas seja humilde. Pare o carro e peça a sua mulher que faça isso se você não consegue. Evite essa briga, permita ser ajudado por ela.

119

O cansaço dela

Este é o descanso, daí descanso ao cansado.
Isaías, 28,12

Sua mulher está num processo de esgotamento e sua saúde está desabando. É hora de ajudá-la a descansar. Proporcione um ambiente acolhedor onde ela possa dormir 20 horas para reparar o cansaço se for preciso. Sossegue as crianças e os ruídos do ambiente. Insista para que ela tire férias e saiam de casa para se desligar dos problemas. Se ela tem dificuldade de largar o celular e de se desconectar do seu trabalho, intercepte o poder do celular. Poupe-a de tomar contato com conflitos quando ela estiver esgotada precisando descansar.

120

Mude a qualidade de vida

Melhor é um punhado de descanso do que ambas as mãos cheias de trabalho e correr atrás do vento.

Eclesiastes 4,6

Algumas pessoas pensam que para serem felizes têm que ter dinheiro no bolso e não passar privação de coisa alguma. Dinheiro e posses não trazem felicidade para ninguém. Às vezes o homem se tornou um viciado em trabalho porque deseja possuir tantas coisas para se sentir poderoso. Que tal abdicar da quantidade de bens para ter mais qualidade de vida? Seja menos exigente com suas posses. Passe mais tempo com sua mulher e filhos. Adote um estilo de vida mais simples. Pois o que adianta ganhar tanto dinheiro e perder tudo?

121

O que você anda comendo?

Não continues a beber somente água; usa um pouco de vinho, por causa do teu estômago e das tuas frequentes enfermidades.

1 Timóteo 5,23

Sua mulher tem reclamado que você anda relaxado com o peso e não se esforça para emagrecer. E ela está certa. Você não procura receitas mais saudáveis, só come frituras e comidas com pouco equilíbrio nutricional. A obesidade nos homens é mais grave do que nas mulheres, pois quando os homens chegam a engordar externamente é sinal que seus órgãos vitais estão totalmente comprometidos com invólucros de gorduras, ocasionando sérias complicações no coração, rins, fígado e pulmão.

Que tal escutar os conselhos da esposa?

122

Já falou como ela é naturalmente bela?

Mulher virtuosa, quem a achará? O seu valor muito excede o de finas joias.

Provérbios 31,10

Alguns homens exigem de suas mulheres um corpo sarado e um visual de celebridade. Se elas têm problemas com a autoimagem, se sentirão muito afetadas por tais exigências. Pare de comparar sua mulher com estas pessoas. Enxergue a beleza que ela tem. Mostre que você não se importa se o corpo dela não é de modelo. Mostre que você gosta do corpo gostoso que ela tem, e que você não a trocaria por nenhuma celebridade da TV.

123

Que azedume é este?

O que semeia a injustiça segará males; e a vara da sua indignação falhará.

Provérbios 22,8

Você está azedo, sem motivo nenhum. Sua mulher chega perto e é praticamente enxotada da sua presença como se fosse uma praga. Você tem descansado direito? Quantos dias faz que você não tem uma noite completa de sono? Não transforme seu relacionamento numa tragédia porque você não tem descansado o tempo que necessita. A falta de repouso traz mau humor, agressividade, impaciência, irritabilidade e sua mulher não merece ganhar este tipo de presente porque você está cansado. Cuide de si para cuidar da sua mulher.

124

Marido de intelectual

Secou-se o meu vigor como um caco de barro, e a língua se me apega ao céu da boca.

Salmo 22,15

O trabalho de produção intelectual costuma produzir mais cansaço do que o trabalho braçal. Um homem que trabalha como pedreiro fica menos cansado do que um escritor. Isso porque seu trabalho pesado é facilmente reposto com horas de sono e muito alimento. Se sua mulher precisa trabalhar com esforço mental e com processamento de informações, saiba que ela se esgota mais do que um pedreiro. Ela precisa de uma alimentação equilibrada com repositores energéticos. Que tal pesquisar um cardápio especial para as horas deste esgotamento e mimar sua mulher cuidando da nutrição e do repouso mental dela?

125

Não deixe a briga de hoje dormir com vocês

Irai-vos e não pequeis; não se ponha o sol sobre a vossa ira.

Efésios 4,26

Vocês se desentenderam sério durante o dia e agora é hora de dormir. Ela virou para um lado, você virou para outro e não querem se comunicar. Alguém tem que ceder. Não deixe a briga dormir com vocês. Comece pedindo perdão. Numa briga nunca há só um responsável. Sempre é culpa dos dois. Mesmo que ela tenha te ofendido muito, tome a iniciativa de reconciliação. É provável que ela te acompanhe no ato de expulsar a briga da cama e faça isso debulhada em lágrimas de arrependimento. Que tal tentar?

126

Saia do sério!

Faz forte ao cansado e multiplica as forças ao que não tem nenhum vigor.

Isaías 40,29

A rotina de vocês está muito intensa, não há tempo para se divertir e o fluxo do trabalho parece não dar trégua até o final do ano. É hora de "chutar o balde". Saiam da rotina! Às vezes tudo que se precisa para evitar o esgotamento é quebrar as regras e tudo o que está trazendo tensão aos momentos de vocês. Saiam da mesmice e tomem uma atitude que trará lucro emocional. Façam algo inesperado, sejam travessos e usem a travessura para se recrear.

127

Lingerie provocante

O teu umbigo é taça redonda, a que não falta bebida; o teu ventre é monte de trigo, cercado de lírios. Os teus dois seios, como duas crias, gêmeas de uma gazela.

Cântico dos Cânticos 7,2-3

Você deseja que sua mulher se mostre a você de forma mais *sexy* e sedutora, mas ela só usa pijamas confortáveis ou aquelas camisolas de algodão que mais parecem roupas de uma pré-adolescente. Já disse a ela como você precisa vê-la vestida de forma mais ousada e provocante nos momentos íntimos de vocês? Conte para ela que tipo de roupa ela usa que lhe estimula e diga-lhe o quanto vê-la vestida daquela forma lhe seduz.

128

Impaciência que pode ser evitada

Ora, o Deus da paciência e da consolação vos conceda o mesmo sentir de uns para com os outros, segundo Cristo Jesus.

Romanos 15,5

Sabe aquela irritação que você sente porque ela tirou suas coisas do lugar, ou porque ela colocou para lavar aquela camisa que você jurava que estava limpa? Você fica nervoso porque ela tem mania de limpeza e não pode ver um copo fora do lugar ou porque ela insiste para que você tampe o tubo da pasta de dente. É hora de você admitir que ela é mais organizada que você. Uma maneira de paparicar sua mulher é começar a colaborar com a organização que ela traz para a vida de vocês.

129

Morando com os parentes dela

Mas o que se casou cuida das coisas do mundo, de como agradar à esposa, e assim está dividido.

1 Coríntios 7,33-34

Seu sogro faleceu e a sogra, que sofre de vários problemas de saúde, virá morar com vocês. Você e sua sogra nunca se deram muito bem e agora terá de dividir espaço físico da sua própria casa com ela. Tenha a certeza de que toda esta tensão também passa por sua mulher. Claro que o ideal seria se cada um continuasse em sua casa, mas, uma vez que é inevitável, você precisa processar isso de outra forma. Uma forma de agradar sua mulher é não rejeitar a mãe dela; afinal, isso acabará sendo entendido como rejeição à sua mulher também. Tome cuidado com suas reações.

130

Sofistique a simplicidade

O simples se torna sábio; e, quando o sábio é instruído, recebe o conhecimento.

Provérbios 21,11-12

Muitas vezes, o casal não possui recursos financeiros para fazer programas sofisticados. Entretanto, em várias cidades do país, as políticas de incentivo à cultura têm facilitado o acesso da população ao mundo das artes. Mesmo que vocês vivam em condições humildes, há programas culturais gratuitos ou com preços populares que acontecem nos teatros municipais e centros culturais dos mais diversos. Que tal paparicar sua mulher levando-a ao teatro numa dessas ocasiões?

131

Simplifique a sofisticação

Quem é simples, volte-se para aqui.

Provérbios 9,4

Muitos maridos se sentem mal por não poderem sempre levar suas mulheres a restaurantes caros e a programas elegantes, porque gostariam de acompanhá-las a esses lugares e fazê-las se sentir como verdadeiras rainhas. Mas não se sinta frustrado. Seja flexível com você mesmo. Faça um programa simples com cara de requintado. Separe uma noite para passear na beira da praia, coloque sofisticação no momento e no lugar onde vocês estiverem com uma dose caprichada de romance.

132

Na saúde ou na doença

Se eu falar, a minha dor não cessa; se me calar, qual é o meu alívio? Na verdade, as minhas forças estão exaustas.

Jó 16,6-7

Homem não sabe sentir dor, não é mesmo? Alguns não sabem nem mesmo ficar perto de quem está sentindo dor. Uma coisa que deixa a esposa muito amolada é quando ela, depois de aguentar as pontas o máximo possível, acaba adoecendo e o marido adoece junto com ela. Ou, então, tem uma queixa de dor e de mal-estar diferente a cada dia. Uma maneira de paparicar sua mulher é ficando forte para ampará-la. Não seja hipocondríaco, desmorone depois, mas, nesse momento, seja forte, pois ela precisa de você.

133

Faça tudo por amor

O amor é paciente, é benigno; o amor não arde em ciúmes, não se ufana, não se ensoberbece, não se conduz inconvenientemente, não procura os seus interesses, não se exaspera, não se ressente do mal.

1 Coríntios 13, 4-5

Muitos casais perdem o fio da meada dos relacionamentos porque, em algum lugar da vida conjunta, esqueceram que o amor que juraram um ao outro é que tinha de ser a força motriz do casamento. Esqueceram que, tudo que deveriam fazer um pelo outro, teriam de fazer por amor e não por obrigação. Paparique sua mulher tomando atitudes sem rancor, simplesmente, por amá-la.

134

Aquela pasta de dentes infeliz

O que ama a contenda ama o pecado; o que faz alta a sua porta facilita a própria queda.
Provérbios 17,19

Há brigas entre casais que podem ser evitadas se um dos dois tem disposição de caminhar uma segunda milha. Aquela toalha molhada embolada em cima da cama, aquela coleção de copos sujos em cima da pia da cozinha, aquele tubo de pasta de dentes infeliz que sempre fica destampado na pia do banheiro endurecendo a pasta toda para o próximo usuário, são detalhes pequenos, que deixam as mulheres muito irritadas. Uma maneira de agradar sua mulher é tomar cuidado com esses pequenos detalhes. Isso vai demonstrar que você se importa em não irritá-la.

135

Tanto choro até me assusta

Reprime a tua voz de choro e as lágrimas de teus olhos; porque há recompensa para as tuas obras.

Jeremias 31,16

O nó apertou na garganta, a voz falhou, a boca tremeu, o nariz está vermelho, a voz está esganiçada e ela fala tudo meio miando, meio falando. Ela está chorando de novo! Ela não tem outro jeito para resolver as coisas sem ser chorando? Nem sempre as mulheres choram porque querem. Quando algo as aborrece, todo o emocional delas fica mexido e muitas reações extremadas começam a surgir. Muitas mulheres se sentem ridículas chorando o tempo todo, mas não conseguem evitar. Paparique sua mulher oferecendo o ombro amigo nessas horas. Tudo que ela precisa é sentir amparo.

136

Não seja mesquinho

Não acumuleis tesouros sobre a terra, onde a traça e a ferrugem corroem e onde ladrões escavam e roubam.

Mateus 6,19

Tempos atrás ouvi a briga de um vizinho com sua mulher. Briga muito feia. Toda sorte de ofensas foram dirigidas de um contra o outro. O motivo: uma churrasqueira! Uma pilha de tijolos com uma grelha era o motivo de ofensas entre pessoas que um dia se uniram e prometeram se amar. Não seja mesquinho. Uma forma de agradar sua mulher é não criando caso com coisas materiais. Não dê a ela a impressão que as coisas valem mais do que ela. Pessoas são mais importantes do que coisas.

137

Sua parte na disciplina dos filhos

A estultícia está ligada ao coração da criança, mas a vara da disciplina afastará dela.

Provérbios 22,15

Algumas mulheres ficam sobrecarregadas com o cuidado dos filhos porque, além de arcarem sozinhas com toda a educação, quando chega a hora de determinar a disciplina das crianças, os pais empurram a responsabilidade para as mães. Muitos homens não gostam de disciplinar os filhos e deixam isso por conta da esposa. Paparique sua mulher participando da educação e principalmente da disciplina dos seus filhos. Há exemplos que as crianças só aprendem se vierem dos pais, em vez das mães.

138

Ela sempre está certa

Antes da ruína, gaba-se o coração do homem, e diante da honra vai a humildade.

Provérbios 18,12

Mulheres costumam ter razão em muitas coisas e os homens costumam ter dificuldade em lidar com isso. Todavia, os homens não são dotados de intuição como as mulheres. Uma forma de agradar sua mulher é reconhecer quando ela tem razão. Mesmo que você não goste da ideia por pensar que isso vai dar motivos para aquele sonoro "eu te disse" que você quer evitar a qualquer custo. A humildade é uma forma de honrar a outra pessoa. Seja humilde, reconheça que ela estava certa.

139

Só um pouquinho de sensibilidade

O que despreza o próximo é falto de senso, mas o homem prudente, este se cala.

Provérbios 11,12

A vida tem perdido a beleza para muitas pessoas, porque elas ficaram insensíveis e se acomodaram nesse estado. Há pessoas que se queixam de não serem sensíveis, mas sensibilidade é algo que pode ser aprendido, desde que se preste mais atenção às carências e à situação da outra pessoa. Uma forma de você agradar sua mulher é sendo mais sensível aos pedidos que ela lhe faz. Se não lhe custa nada, por que não atender?

140

Quem vai começar?

Encontrei logo o amado da minha alma; agarrei-me a ele e não o deixei ir embora, até que o fiz entrar em casa de minha mãe e na recâmara daquela que me concebeu.

Cântico dos Cânticos 3,4

Alguns homens ficam esperando que suas mulheres tomem a iniciativa do ato sexual. Como elas não tomam, queixam-se de que elas não se interessam por eles. Alguns homens usam esta desculpa de forma grosseira para justificar porque sentem atração por outras mulheres. Você gostaria que sua mulher tomasse a iniciativa mais vezes? Diga isso a ela, mas saiba que ela precisará ser estimulada para tomar a iniciativa. A libido da mulher não funciona como a do homem. Considere estas diferenças.

141

Eliminando o fator *stress*

Debaixo da macieira te despertei, ali esteve tua mãe com dores; ali esteve com dores aquela que te deu à luz.

Cântico dos Cânticos 8,5

Em tempos passados, o homem impunha sua neces-sidade sexual para a mulher. Muitas mulheres da geração passada se sentiam como receptáculos dos desejos sexuais de seus maridos, como se elas não tivessem vontade própria e como se tivessem que servi-los sexualmente, como se fossem amas. Numa relação equilibrada entre marido e mulher, não é dessa forma que se trata a questão. Para a mulher sentir desejo sexual, ela precisa estar neutralizada, mesmo que temporariamente, dos efeitos do *stress*. Que tal relaxá-la com seu carinho?

142

Estímulo no improvável

No temor do Senhor, tem o homem forte amparo, e isso é refúgio para os seus filhos.

Provérbios 14,26

Quando a mulher vê o marido ocupado com fazer a comida, cuidar das crianças, lavar a louça e a roupa, ela se sente muito mexida emocionalmente. Sente-se amparada, e esse homem que está desempenhando ações reputadas como femininas está estimulando sua mulher. Tais atitudes funcionam como afrodisíaco para sua esposa, pois aliviou o fardo de trabalho dela e a deixou enternecida, relaxada e suscetível à sedução.

Que tal tentar esta dica?

143

A ternura do toque

A sua mão esquerda esteja debaixo da minha cabeça, e a direita me abrace.

Cântico dos Cânticos 2,6

O corpo da mulher possui mais de dez mil receptores sensoriais, o corpo do homem possui só três mil. Por esse motivo, as mulheres são muito mais sensíveis aos toques, aos beijos e abraços e precisam deles para se sentir amadas e queridas. Por isso, também, elas precisam estar próximas das pessoas amadas. Que tal ficar mais pertinho e não economizar a quantidade de abraços?

144

Respeite a vontade dela

Pegou-a e disse-lhe: Vem, deita-te comigo... Porém ela lhe disse: não me forces, não faças tal loucura.

2 Samuel 13,11-12

A imposição da vontade sexual de um homem sobre a mulher é entendida por ela como agressão sexual. Muitos homens, por terem contato demasiado com pornografia, pensam que as mulheres gostam de uma relação sexual intensa e próxima do violento, assim conduzem o ato sexual. Isso não é verdade. Nada substitui a ternura e a delicadeza que o homem deve devotar à sua mulher. Seja terno, não agrida. Mulheres não pensam e não sentem como os homens. Uma "boa pegada" pode ser entendida como um estupro. Seja delicado.

145

Não impressione! Seja íntimo!

Jardim fechado és tu, minha irmã, noiva minha,
manancial recluso, fonte selada.
Cântico dos Cânticos 4,12

Alguns homens leem sobre orgasmo feminino, ponto G etc. e com isso pensam ter se tornado grandes *experts* em "mulher". Querem ter um desempenho sexual mirabolante. Por mais que o homem conheça cada um desses "botões" de prazer do corpo da mulher, cada mulher reage a esses estímulos de forma diferente. Nada substitui a verdadeira intimidade e o conhecimento que você tem dela e a forma que ela reage às suas carícias. Não tente bancar o "*super man*". Conheça a alma da sua mulher intimamente.

146

Em que você está pensando?

Os pensamentos do justo são retos, mas os conselhos do perverso, engano.

Provérbios 12,5

Muitas vezes os homens ficam calados, no meio de uma conversa ou depois de um momento de intimidade, aí vem aquela temida pergunta "em que você está pensando"? Provavelmente você não estava pensando em nada específico, ou nas contas que tem de pagar amanhã, ou numa música qualquer. Mas seja gentil. Se ela fez essa pergunta é porque te sente distante e precisa se sentir mais próxima. Não seja rude, valorize a necessidade de proximidade que ela tem e se faça próximo ao invés de ausente.

147

Cultivando a inteligência espiritual

O Senhor está convosco, enquanto vós estais com ele; se o buscardes, ele se deixará achar: porém, se o deixardes, vos deixará.

2 Crônicas 15,2

Muitas dicas foram deixadas aqui, entretanto, quando todas elas falharem e mesmo assim você desejar manter seu casamento num patamar de harmonia, desejar alegrar sua mulher e construir algo saudável juntos, lembre-se de pedir a ajuda de Deus em primeiro lugar. Chame sua mulher para fazer isso juntamente com você. Dediquem tempo para cultivar a inteligência espiritual do casal.

Agora é sua vez. Escreva nas próximas páginas outras maneiras criativas que você encontrou de paparicar sua mulher. Use-as como um livro de memórias, para te ajudar a registrar as experiências que foram bem-sucedidas.

148

149

150